This Reflective Practice Journal Belongs To

_____

Reflective Checklist

Date: _____

I'm Good At

- ( ) _____
- ( ) _____
- ( ) _____
- ( ) _____
- ( ) _____
- ( ) _____
- ( ) _____

Need Working On

- ( ) _____
- ( ) _____
- ( ) _____
- ( ) _____
- ( ) _____
- ( ) _____
- ( ) _____
- ( ) _____

Reflection

Plan

Summary

Reflective Checklist

Date: _____

I'm Good At

- ○ _____
- ○ _____
- ○ _____
- ○ _____
- ○ _____
- ○ _____
- ○ _____

Need Working On

- ○ _____
- ○ _____
- ○ _____
- ○ _____
- ○ _____
- ○ _____
- ○ _____
- ○ _____

Reflection

Plan

Summary

Reflective Checklist

Date: _____

I'm Good At

○ _____

○ _____

○ _____

○ _____

○ _____

○ _____

○ _____

Need Working On

○ _____

○ _____

○ _____

○ _____

○ _____

○ _____

○ _____

○ _____

Reflection

Plan

Summary

Reflective Checklist

Date: _____

I'm Good At

○ _____

○ _____

○ _____

○ _____

○ _____

○ _____

○ _____

Need Working On

○ _____

○ _____

○ _____

○ _____

○ _____

○ _____

○ _____

○ _____

Reflection

Plan

Summary

Reflective Checklist

Date: _____

I'm Good At

- ○ _____
- ○ _____
- ○ _____
- ○ _____
- ○ _____
- ○ _____
- ○ _____

Need Working On

- ○ _____
- ○ _____
- ○ _____
- ○ _____
- ○ _____
- ○ _____
- ○ _____
- ○ _____

Reflection

Plan

Summary

Reflective Checklist

Date: _____

I'm Good At

- ○ _____
- ○ _____
- ○ _____
- ○ _____
- ○ _____
- ○ _____
- ○ _____

Need Working On

- ○ _____
- ○ _____
- ○ _____
- ○ _____
- ○ _____
- ○ _____
- ○ _____
- ○ _____

Reflection

Plan

Summary

Reflective Checklist

Date: _____

I'm Good At

○ _____

○ _____

○ _____

○ _____

○ _____

○ _____

○ _____

Need Working On

○ _____

○ _____

○ _____

○ _____

○ _____

○ _____

○ _____

Reflection

Plan

Summary

Reflective Checklist

Date: _____

I'm Good At

○ _____

○ _____

○ _____

○ _____

○ _____

○ _____

○ _____

Need Working On

○ _____

○ _____

○ _____

○ _____

○ _____

○ _____

○ _____

○ _____

Reflection

Plan

Summary

Reflective Checklist

Date: _____

I'm Good At

- ○ _____
- ○ _____
- ○ _____
- ○ _____
- ○ _____
- ○ _____
- ○ _____

Need Working On

- ○ _____
- ○ _____
- ○ _____
- ○ _____
- ○ _____
- ○ _____
- ○ _____
- ○ _____

Reflection

Plan

Summary

Reflective Checklist

Date: _____

I'm Good At

- ○ _____
- ○ _____
- ○ _____
- ○ _____
- ○ _____
- ○ _____
- ○ _____

Need Working On

- ○ _____
- ○ _____
- ○ _____
- ○ _____
- ○ _____
- ○ _____
- ○ _____

Reflection

Plan

Summary

Reflective Checklist

Date: _____

I'm Good At

- ○ _____
- ○ _____
- ○ _____
- ○ _____
- ○ _____
- ○ _____
- ○ _____

Need Working On

- ○ _____
- ○ _____
- ○ _____
- ○ _____
- ○ _____
- ○ _____
- ○ _____
- ○ _____

Reflection

Plan

Summary

Reflective Checklist

Date: _____

I'm Good At

- ○ _____
- ○ _____
- ○ _____
- ○ _____
- ○ _____
- ○ _____
- ○ _____

Need Working On

- ○ _____
- ○ _____
- ○ _____
- ○ _____
- ○ _____
- ○ _____
- ○ _____
- ○ _____

Reflection

Plan

Summary

Reflective Checklist

Date: _____

I'm Good At

- ○ _____
- ○ _____
- ○ _____
- ○ _____
- ○ _____
- ○ _____
- ○ _____

Need Working On

- ○ _____
- ○ _____
- ○ _____
- ○ _____
- ○ _____
- ○ _____
- ○ _____
- ○ _____

Reflection

Plan

Summary

Reflective Checklist

Date: _____

I'm Good At

○ _____

○ _____

○ _____

○ _____

○ _____

○ _____

○ _____

Need Working On

○ _____

○ _____

○ _____

○ _____

○ _____

○ _____

○ _____

○ _____

Reflection

Plan

Summary

Reflective Checklist

Date: _____

I'm Good At

○ _____

○ _____

○ _____

○ _____

○ _____

○ _____

○ _____

Need Working On

○ _____

○ _____

○ _____

○ _____

○ _____

○ _____

○ _____

○ _____

Reflection

Plan

Summary

Reflective Checklist

Date: _____

I'm Good At

- ○ _____
- ○ _____
- ○ _____
- ○ _____
- ○ _____
- ○ _____
- ○ _____

Need Working On

- ○ _____
- ○ _____
- ○ _____
- ○ _____
- ○ _____
- ○ _____
- ○ _____
- ○ _____

Reflection

Plan

Summary

Reflective Checklist

Date: _____

I'm Good At

- ○ _____
- ○ _____
- ○ _____
- ○ _____
- ○ _____
- ○ _____
- ○ _____

Need Working On

- ○ _____
- ○ _____
- ○ _____
- ○ _____
- ○ _____
- ○ _____
- ○ _____
- ○ _____

Reflection

Plan

Summary

Reflective Checklist

Date: _____

I'm Good At

○ _____

○ _____

○ _____

○ _____

○ _____

○ _____

○ _____

Need Working On

○ _____

○ _____

○ _____

○ _____

○ _____

○ _____

○ _____

○ _____

Reflection

Plan

Summary

Reflective Checklist

Date: _____

I'm Good At

- ○ _____
- ○ _____
- ○ _____
- ○ _____
- ○ _____
- ○ _____
- ○ _____

Need Working On

- ○ _____
- ○ _____
- ○ _____
- ○ _____
- ○ _____
- ○ _____
- ○ _____
- ○ _____

Reflection

Plan

Summary

Reflective Checklist

Date: _____

I'm Good At

○ _____

○ _____

○ _____

○ _____

○ _____

○ _____

○ _____

Need Working On

○ _____

○ _____

○ _____

○ _____

○ _____

○ _____

○ _____

○ _____

Reflection

Plan

Summary

Reflective Checklist

Date: _____

I'm Good At

- ○ _____
- ○ _____
- ○ _____
- ○ _____
- ○ _____
- ○ _____
- ○ _____

Need Working On

- ○ _____
- ○ _____
- ○ _____
- ○ _____
- ○ _____
- ○ _____
- ○ _____
- ○ _____

Reflection

Plan

Summary

Reflective Checklist

Date: _____

I'm Good At

- ○ _____
- ○ _____
- ○ _____
- ○ _____
- ○ _____
- ○ _____
- ○ _____

Need Working On

- ○ _____
- ○ _____
- ○ _____
- ○ _____
- ○ _____
- ○ _____
- ○ _____

Reflection

Plan

Summary

Reflective Checklist

Date: _____

I'm Good At

- ○ _____
- ○ _____
- ○ _____
- ○ _____
- ○ _____
- ○ _____
- ○ _____

Need Working On

- ○ _____
- ○ _____
- ○ _____
- ○ _____
- ○ _____
- ○ _____
- ○ _____
- ○ _____

Reflection

Plan

Summary

Reflective Checklist

Date: _____

I'm Good At

- ○ _____
- ○ _____
- ○ _____
- ○ _____
- ○ _____
- ○ _____
- ○ _____

Need Working On

- ○ _____
- ○ _____
- ○ _____
- ○ _____
- ○ _____
- ○ _____
- ○ _____
- ○ _____

Reflection

Plan

Summary

Reflective Checklist

Date:

I'm Good At

- ○ _____
- ○ _____
- ○ _____
- ○ _____
- ○ _____
- ○ _____
- ○ _____

Need Working On

- ○ _____
- ○ _____
- ○ _____
- ○ _____
- ○ _____
- ○ _____
- ○ _____
- ○ _____

Reflection

Plan

Summary

Reflective Checklist

Date: _____

I'm Good At

- ○ _____
- ○ _____
- ○ _____
- ○ _____
- ○ _____
- ○ _____
- ○ _____

Need Working On

- ○ _____
- ○ _____
- ○ _____
- ○ _____
- ○ _____
- ○ _____
- ○ _____
- ○ _____

Reflection

Plan

Summary

Reflective Checklist

Date: _____

I'm Good At

○ _____
○ _____
○ _____
○ _____
○ _____
○ _____
○ _____

Need Working On

○ _____
○ _____
○ _____
○ _____
○ _____
○ _____
○ _____
○ _____

Reflection

Plan

Summary

Reflective Checklist

Date: _____

I'm Good At

- ○ _____
- ○ _____
- ○ _____
- ○ _____
- ○ _____
- ○ _____
- ○ _____

Need Working On

- ○ _____
- ○ _____
- ○ _____
- ○ _____
- ○ _____
- ○ _____
- ○ _____
- ○ _____

Reflection

Plan

Summary

Reflective Checklist

Date: _____

I'm Good At

○ _____

○ _____

○ _____

○ _____

○ _____

○ _____

○ _____

Need Working On

○ _____

○ _____

○ _____

○ _____

○ _____

○ _____

○ _____

○ _____

Reflection

Plan

Summary

Reflective Checklist

Date: _____

I'm Good At

- ○ _____
- ○ _____
- ○ _____
- ○ _____
- ○ _____
- ○ _____
- ○ _____

Need Working On

- ○ _____
- ○ _____
- ○ _____
- ○ _____
- ○ _____
- ○ _____
- ○ _____
- ○ _____

Reflection

Plan

Summary

Reflective Checklist

Date: _____

I'm Good At

- ○ _____
- ○ _____
- ○ _____
- ○ _____
- ○ _____
- ○ _____
- ○ _____

Need Working On

- ○ _____
- ○ _____
- ○ _____
- ○ _____
- ○ _____
- ○ _____
- ○ _____
- ○ _____

Reflection

Plan

Summary

Reflective Checklist

Date: _____

I'm Good At

- ○ _____
- ○ _____
- ○ _____
- ○ _____
- ○ _____
- ○ _____
- ○ _____

Need Working On

- ○ _____
- ○ _____
- ○ _____
- ○ _____
- ○ _____
- ○ _____
- ○ _____

Reflection

Plan

Summary

Reflective Checklist

Date: _____

I'm Good At

○ _____

○ _____

○ _____

○ _____

○ _____

○ _____

○ _____

Need Working On

○ _____

○ _____

○ _____

○ _____

○ _____

○ _____

○ _____

○ _____

Reflection

Plan

Summary

Reflective Checklist

Date: _____

I'm Good At

- ◯ _____
- ◯ _____
- ◯ _____
- ◯ _____
- ◯ _____
- ◯ _____
- ◯ _____

Need Working On

- ◯ _____
- ◯ _____
- ◯ _____
- ◯ _____
- ◯ _____
- ◯ _____
- ◯ _____
- ◯ _____

Reflection

Plan

Summary

Reflective Checklist

Date: _____

I'm Good At

○ _____

○ _____

○ _____

○ _____

○ _____

○ _____

○ _____

Need Working On

○ _____

○ _____

○ _____

○ _____

○ _____

○ _____

○ _____

○ _____

Reflection

Plan

Summary

Reflective Checklist

Date: _____

I'm Good At

○ _____

○ _____

○ _____

○ _____

○ _____

○ _____

○ _____

Need Working On

○ _____

○ _____

○ _____

○ _____

○ _____

○ _____

○ _____

○ _____

Reflection

Plan

Summary

Reflective Checklist

Date: _____

I'm Good At

- ○ _____
- ○ _____
- ○ _____
- ○ _____
- ○ _____
- ○ _____
- ○ _____

Need Working On

- ○ _____
- ○ _____
- ○ _____
- ○ _____
- ○ _____
- ○ _____
- ○ _____
- ○ _____

Reflection

Plan

Summary

Reflective Checklist

Date: _____

I'm Good At

- ◯ _____
- ◯ _____
- ◯ _____
- ◯ _____
- ◯ _____
- ◯ _____
- ◯ _____

Need Working On

- ◯ _____
- ◯ _____
- ◯ _____
- ◯ _____
- ◯ _____
- ◯ _____
- ◯ _____
- ◯ _____

Reflection

Plan

Summary

Reflective Checklist

Date: _____

I'm Good At

- ◯ _____
- ◯ _____
- ◯ _____
- ◯ _____
- ◯ _____
- ◯ _____
- ◯ _____

Need Working On

- ◯ _____
- ◯ _____
- ◯ _____
- ◯ _____
- ◯ _____
- ◯ _____
- ◯ _____
- ◯ _____

Reflection

Plan

Summary

Reflective Checklist

Date: _____

I'm Good At

- ○ _____
- ○ _____
- ○ _____
- ○ _____
- ○ _____
- ○ _____
- ○ _____

Need Working On

- ○ _____
- ○ _____
- ○ _____
- ○ _____
- ○ _____
- ○ _____
- ○ _____
- ○ _____

Reflection

Plan

Summary

Reflective Checklist

Date: _____

I'm Good At

○ _____

○ _____

○ _____

○ _____

○ _____

○ _____

○ _____

Need Working On

○ _____

○ _____

○ _____

○ _____

○ _____

○ _____

○ _____

○ _____

Reflection

Plan

Summary

Reflective Checklist

Date: _____

I'm Good At

- ○ _____
- ○ _____
- ○ _____
- ○ _____
- ○ _____
- ○ _____
- ○ _____

Need Working On

- ○ _____
- ○ _____
- ○ _____
- ○ _____
- ○ _____
- ○ _____
- ○ _____
- ○ _____

Reflection

Plan

Summary

Reflective Checklist

Date:

I'm Good At

○ _____

○ _____

○ _____

○ _____

○ _____

○ _____

○ _____

Need Working On

○ _____

○ _____

○ _____

○ _____

○ _____

○ _____

○ _____

○ _____

Reflection

Plan

Summary

Reflective Checklist

Date: _____

I'm Good At

- ○ _____
- ○ _____
- ○ _____
- ○ _____
- ○ _____
- ○ _____
- ○ _____

Need Working On

- ○ _____
- ○ _____
- ○ _____
- ○ _____
- ○ _____
- ○ _____
- ○ _____
- ○ _____

Reflection

Plan

Summary

Reflective Checklist

Date: _____

I'm Good At

○ _____

○ _____

○ _____

○ _____

○ _____

○ _____

○ _____

Need Working On

○ _____

○ _____

○ _____

○ _____

○ _____

○ _____

○ _____

○ _____

Reflection

Plan

Summary

Reflective Checklist

Date: _____

I'm Good At

- ◯ _____
- ◯ _____
- ◯ _____
- ◯ _____
- ◯ _____
- ◯ _____
- ◯ _____

Need Working On

- ◯ _____
- ◯ _____
- ◯ _____
- ◯ _____
- ◯ _____
- ◯ _____
- ◯ _____
- ◯ _____

Reflection

Plan

Summary

Reflective Checklist

Date: _____

I'm Good At

- ○ _____
- ○ _____
- ○ _____
- ○ _____
- ○ _____
- ○ _____
- ○ _____

Need Working On

- ○ _____
- ○ _____
- ○ _____
- ○ _____
- ○ _____
- ○ _____
- ○ _____
- ○ _____

Reflection

Plan

Summary

Reflective Checklist

Date: _____

I'm Good At

- ○ _____
- ○ _____
- ○ _____
- ○ _____
- ○ _____
- ○ _____
- ○ _____

Need Working On

- ○ _____
- ○ _____
- ○ _____
- ○ _____
- ○ _____
- ○ _____
- ○ _____
- ○ _____

Reflection

Plan

Summary

Reflective Checklist

Date: _____

I'm Good At

○ _____

○ _____

○ _____

○ _____

○ _____

○ _____

○ _____

Need Working On

○ _____

○ _____

○ _____

○ _____

○ _____

○ _____

○ _____

○ _____

Reflection

Plan

Summary

Reflective Checklist

Date: _____

I'm Good At

- ○ _____
- ○ _____
- ○ _____
- ○ _____
- ○ _____
- ○ _____
- ○ _____

Need Working On

- ○ _____
- ○ _____
- ○ _____
- ○ _____
- ○ _____
- ○ _____
- ○ _____
- ○ _____

Reflection

Plan

Summary

Reflective Checklist

Date: _____

I'm Good At

- ○ _____
- ○ _____
- ○ _____
- ○ _____
- ○ _____
- ○ _____
- ○ _____

Need Working On

- ○ _____
- ○ _____
- ○ _____
- ○ _____
- ○ _____
- ○ _____
- ○ _____
- ○ _____

Reflection

Plan

Summary

Reflective Checklist

Date: _____

I'm Good At

- ○ _____
- ○ _____
- ○ _____
- ○ _____
- ○ _____
- ○ _____
- ○ _____

Need Working On

- ○ _____
- ○ _____
- ○ _____
- ○ _____
- ○ _____
- ○ _____
- ○ _____
- ○ _____

Reflection

Plan

Summary

Reflective Checklist

Date: _____

I'm Good At

- ○ _____
- ○ _____
- ○ _____
- ○ _____
- ○ _____
- ○ _____
- ○ _____

Need Working On

- ○ _____
- ○ _____
- ○ _____
- ○ _____
- ○ _____
- ○ _____
- ○ _____
- ○ _____

Reflection

Plan

Summary

Reflective Checklist

Date: _____

I'm Good At

○ _____

○ _____

○ _____

○ _____

○ _____

○ _____

○ _____

Need Working On

○ _____

○ _____

○ _____

○ _____

○ _____

○ _____

○ _____

○ _____

Reflection

Plan

Summary

Reflective Checklist

Date: _____

I'm Good At

○ _____

○ _____

○ _____

○ _____

○ _____

○ _____

○ _____

Need Working On

○ _____

○ _____

○ _____

○ _____

○ _____

○ _____

○ _____

○ _____

Reflection

Plan

Summary

Reflective Checklist

Date: _____

I'm Good At

○ _____

○ _____

○ _____

○ _____

○ _____

○ _____

○ _____

Need Working On

○ _____

○ _____

○ _____

○ _____

○ _____

○ _____

○ _____

○ _____

Reflection

Plan

Summary

Reflective Checklist

Date: _____

I'm Good At

○ _____

○ _____

○ _____

○ _____

○ _____

○ _____

○ _____

Need Working On

○ _____

○ _____

○ _____

○ _____

○ _____

○ _____

○ _____

○ _____

Reflection

Plan

Summary

Reflective Checklist

Date: _____

I'm Good At

- ⃝ _____
- ⃝ _____
- ⃝ _____
- ⃝ _____
- ⃝ _____
- ⃝ _____
- ⃝ _____

Need Working On

- ⃝ _____
- ⃝ _____
- ⃝ _____
- ⃝ _____
- ⃝ _____
- ⃝ _____
- ⃝ _____

Reflection

Plan

Summary

Reflective Checklist

Date: _____

I'm Good At

○ _____

○ _____

○ _____

○ _____

○ _____

○ _____

○ _____

Need Working On

○ _____

○ _____

○ _____

○ _____

○ _____

○ _____

○ _____

○ _____

Reflection

Plan

Summary

Reflective Checklist

Date: _____

I'm Good At

- ○ _____
- ○ _____
- ○ _____
- ○ _____
- ○ _____
- ○ _____
- ○ _____

Need Working On

- ○ _____
- ○ _____
- ○ _____
- ○ _____
- ○ _____
- ○ _____
- ○ _____
- ○ _____

Reflection

Plan

Summary

Reflective Checklist

Date: _____

I'm Good At

- ○ _____
- ○ _____
- ○ _____
- ○ _____
- ○ _____
- ○ _____
- ○ _____

Need Working On

- ○ _____
- ○ _____
- ○ _____
- ○ _____
- ○ _____
- ○ _____
- ○ _____
- ○ _____

Reflection

Plan

Summary

Reflective Checklist

Date: _____

I'm Good At

○ _____

○ _____

○ _____

○ _____

○ _____

○ _____

○ _____

Need Working On

○ _____

○ _____

○ _____

○ _____

○ _____

○ _____

○ _____

○ _____

Reflection

Plan

Summary

Reflective Checklist

Date: _____

I'm Good At

○ _____

○ _____

○ _____

○ _____

○ _____

○ _____

○ _____

Need Working On

○ _____

○ _____

○ _____

○ _____

○ _____

○ _____

○ _____

○ _____

Reflection

Plan

Summary

Reflective Checklist

Date: _____

I'm Good At

○ _____

○ _____

○ _____

○ _____

○ _____

○ _____

○ _____

Need Working On

○ _____

○ _____

○ _____

○ _____

○ _____

○ _____

○ _____

○ _____

Reflection

Plan

Summary

Reflective Checklist

Date: _____

I'm Good At

○ _____

○ _____

○ _____

○ _____

○ _____

○ _____

○ _____

Need Working On

○ _____

○ _____

○ _____

○ _____

○ _____

○ _____

○ _____

○ _____

Reflection

Plan

Summary

Reflective Checklist

Date: _____

I'm Good At

○ _____

○ _____

○ _____

○ _____

○ _____

○ _____

○ _____

Need Working On

○ _____

○ _____

○ _____

○ _____

○ _____

○ _____

○ _____

○ _____

Reflection

Plan

Summary

Reflective Checklist

Date: _____

I'm Good At

- ○ _____
- ○ _____
- ○ _____
- ○ _____
- ○ _____
- ○ _____
- ○ _____

Need Working On

- ○ _____
- ○ _____
- ○ _____
- ○ _____
- ○ _____
- ○ _____
- ○ _____
- ○ _____

Reflection

Plan

Summary

Reflective Checklist

Date: _____

I'm Good At

- ○ _____
- ○ _____
- ○ _____
- ○ _____
- ○ _____
- ○ _____
- ○ _____

Need Working On

- ○ _____
- ○ _____
- ○ _____
- ○ _____
- ○ _____
- ○ _____
- ○ _____
- ○ _____

Reflection

Plan

Summary

Reflective Checklist

Date: _____

I'm Good At

- ○ _____
- ○ _____
- ○ _____
- ○ _____
- ○ _____
- ○ _____
- ○ _____

Need Working On

- ○ _____
- ○ _____
- ○ _____
- ○ _____
- ○ _____
- ○ _____
- ○ _____
- ○ _____

Reflection

Plan

Summary

Reflective Checklist

Date: _____

I'm Good At

○ _____

○ _____

○ _____

○ _____

○ _____

○ _____

○ _____

Need Working On

○ _____

○ _____

○ _____

○ _____

○ _____

○ _____

○ _____

○ _____

Reflection

Plan

Summary

Reflective Checklist

Date: _____

I'm Good At

○ _____

○ _____

○ _____

○ _____

○ _____

○ _____

○ _____

Need Working On

○ _____

○ _____

○ _____

○ _____

○ _____

○ _____

○ _____

○ _____

Reflection

Plan

Summary

Reflective Checklist

Date: _____

I'm Good At

○ _____

○ _____

○ _____

○ _____

○ _____

○ _____

○ _____

Need Working On

○ _____

○ _____

○ _____

○ _____

○ _____

○ _____

○ _____

○ _____

Reflection

Plan

Summary

Reflective Checklist

Date: _____

I'm Good At

○ _____

○ _____

○ _____

○ _____

○ _____

○ _____

○ _____

Need Working On

○ _____

○ _____

○ _____

○ _____

○ _____

○ _____

○ _____

○ _____

Reflection

Plan

Summary

Reflective Checklist

Date: _____

I'm Good At

○ _____

○ _____

○ _____

○ _____

○ _____

○ _____

○ _____

Need Working On

○ _____

○ _____

○ _____

○ _____

○ _____

○ _____

○ _____

○ _____

Reflection

Plan

Summary

Reflective Checklist

Date: _____

I'm Good At

○ _____

○ _____

○ _____

○ _____

○ _____

○ _____

○ _____

Need Working On

○ _____

○ _____

○ _____

○ _____

○ _____

○ _____

○ _____

○ _____

Reflection

Plan

Summary

Printed in Great Britain
by Amazon